EXPLICANDO
La historia asombrosa de Jesús

DAVID PAWSON

ANCHOR RECORDINGS

Copyright ©2016 David Pawson

El derecho de David Pawson a ser identificado como el autor de esta obra ha sido afirmado por él de acuerdo con la Ley de Copyright, Diseños y Patentes de 1988.

A menos que se indique lo contrario, las citas bíblicas son tomadas de
La Santa Biblia, Nueva Versión Internacional® NVI®
© 1999 by Biblica, Inc.®
Usada con permiso. Todos los derechos reservados en todo el mundo.
Traducido por Alejandro Field
Revisado por María Alejandra Ayanegui Alcérreca

Esta traducción internacional español se publica por primera vez
en Gran Bretaña en 2015 por
Anchor Recordings Ltd
DPTT, Synegis House, 21 Crockhamwell Road,
Woodley, Reading RG5 3LE

Ninguna parte de esta publicación podrá ser reproducida o transmitida de ninguna forma o por ningún medio, electrónico o mecánico, incluyendo fotocopia, grabación o ningún sistema de almacenamiento o recuperación de información, sin el permiso previo por escrito del editor.

**Si desea más de las enseñanzas de David Pawson,
incluyendo DVD y CD, vaya a**
www.davidpawson.com

PARA DESCARGAS GRATUITAS
www.davidpawson.org

Si desea más información, envíe un e-mail a
info@davidpawsonministry.com

ISBN 978-1-911173-56-4

Este libro está basado en una charla. Al tener su origen en la palabra hablada, muchos lectores encontrarán que su estilo es algo diferente de mi estilo habitual de escritura. Es de esperar que esto no afecte la sustancia de la enseñanza bíblica que se encuentra aquí.

Como siempre, pido al lector que compare todo lo que digo o escribo con lo que está escrito en la Biblia y, si encuentra en cualquier punto un conflicto, que siempre confíe en la clara enseñanza de las escrituras.

David Pawson

EXPLICANDO
La historia asombrosa de Jesús

De niño, fui criado en un país cristiano. Con eso, no quiero decir que todos en Inglaterra eran cristianos, sino que era la única religión que existía. La mayoría de las aldeas y pueblos tenían una iglesia anglicana y una capilla metodista. Había otras denominaciones, pero los lugares de culto religioso en Inglaterra eran cristianos, si bien había una mezquita musulmana justo afuera de Londres. De modo que la opción el domingo a la mañana era: ¡ser un cristiano o quedarse en cama! No había mucho más para hacer.

Hoy, si uno va a Oxford Street, en el centro de Londres, se preguntará en qué país se encuentra, porque hemos sido inundados con inmigrantes. Somos ahora un país auténticamente internacional. La situación actual es que las religiones del mundo han venido a nosotros, y ahora viven una al lado de la otra. Como país, recién estamos empezando a acostumbrarnos a tener diferentes religiones viviendo lado a lado.

¿Cómo se amoldarán estas religiones entre sí? ¿Alguna vez se amoldarán?

Hay cuatro relaciones posibles entre ellas. La primera es de *hostilidad y antagonismo*. La historia está llena de guerras religiosas, y se ha derramado mucha sangre en nombre de la fe. Ha habido muchas luchas entre religiones; por ejemplo, entre el islamismo y el cristianismo, entre hindúes y cristianos, entre diferentes tipos de religiones, y aun dentro de la misma religión. Podría darle un caso, el de la guerra entre Irán e Iraq, que fue esencialmente entre dos variedades del islamismo, el sunita y el chiita. O podría llevarlo al Irlanda del Norte, donde católicos y protestantes se han estado matando hasta hace poco, todo un escándalo. ¿Seguiremos así para siempre? ¿Seguiremos viendo guerras interminables en nombre de la fe? Ésa es una posibilidad.

La segunda posibilidad, que se está intentando en diferentes lugares, se llama *separatismo*. Significa mantener las religiones separadas. Con el tiempo, conduce a guetos: una parte de la ciudad pertenece a una religión, y la otra parte, a otra. Ése es, ahora, un rasgo de la vida inglesa. Hay un pueblito en Yorkshire llamado Dewsbury. Tiene un río que lo atraviesa. Todos los que están de un lado son musulmanes (hasta las iglesias se han convertido en mezquitas) y todos los que están del otro lado son todo lo demás. Incluso, hay señales en ciertas ciudades de Gran Bretaña que dicen: "Usted está ingresando a una zona de ley sharia", por increíble que parezca. Vemos que el separatismo mantiene a las religiones aparte, y entonces podemos mantener la paz. "Enciérrenlos en su propio gueto"; no es la solución.

La tercera solución es el *pluralismo*. Es una filosofía que dice que la variedad es buena para una sociedad y, por lo tanto, alentamos a todas las religiones, especialmente las religiones minoritarias. Supuestamente, es bueno para el país. Está basada en la idea de que todas las religiones son iguales, que todas son caminos que conducen al mismo dios y, por lo tanto, debemos tenerlas a todas con nosotros. En esencia, se llama relativismo. Se considera que cada religión tiene algo de la verdad, así que necesitamos que todas contribuyan al pozo del conocimiento.

La cuarta solución se está volviendo la más común, y la Biblia predice que será la principal antes que lleguemos al final de la era. Se llama *sincretismo*: persuadir a las religiones del mundo a unirse y actuar juntas, hasta que haya una sola religión que unifique a la raza humana. Ha empezado a ocurrir en mi país. El príncipe Carlos, que será nuestro próximo rey, debería heredar un título del soberano de Gran Bretaña que aparece en cada moneda de nuestro país: "Defensor de la Fe".[1] Todos piensan que es la fe cristiana, pero él quiere cambiar el juramento que tome cuando sea coronado rey. Quiere ser conocido como "Defensor de la Creencia",[2] sea cual sea esa creencia. Ya está recomendando otras creencias al pueblo británico.

El gobierno ya no habla de la "iglesia" o de las "iglesias", sino de "la comunidad de fe", y nos mete a todos en una misma bolsa. Hay presión para que nos unamos a otras religiones. La presión es con el objetivo de traer cierta armonía a la comunidad. Por supuesto, las diferentes religiones no pueden ponerse de acuerdo en sus creencias, porque varían tanto que nunca podrían combinarse. En lo que respecta a la doctrina, todas las religiones del mundo podrían estar equivocadas, pero solo una puede ser correcta. Pero la esperanza es que podamos unir la *conducta* de las diferentes religiones. Por eso, la palabra "virtudes" ha sido reemplazada por la palabra "valores". Es en base a valores comunes que las diferentes religiones están siendo presionadas a unirse. Ya hay diferentes religiones en mi país que están trabajando en conjunto contra el mal social. Están actuando juntas contra la pobreza y otros problemas sociales, esperando compartir los mismos valores. Tal vez no lo sepa, pero cuando Mahoma mismo quiso asociarse con las demás religiones que creían en un único Dios ("monoteístas"), les hizo un llamado. Fue una apelación muy poderosa para que otras religiones vinieran a unirse a él, titulada "Una palabra común". Apeló a las otras religiones, el cristianismo y el

---

[1] Defender of the Faith
[2] Defender of Faith

judaísmo, con esta palabra común: "Ambos amamos a Dios, ambos amamos a nuestro prójimo. ¿Por qué no nos unimos?".

Es muy interesante que, después de una brecha de mil cuatrocientos años, los musulmanes han hecho otra apelación, con el mismo título, "Una palabra común", y la han enviado a los cristianos evangélicos. La apelación es: "Amemos a Dios y amemos a nuestro prójimo juntos". Doscientos evangélicos destacados de todo el mundo han respondido de manera positiva. Esto podría sorprenderle, pero me atrevo a nombrar a algunos: el difunto John Stott, el Hermano Andrés, George Verwer, los líderes de Juventud con una Misión, han firmado una declaración positiva que enviaron de vuelta a los musulmanes, que decía: "Estamos preparados para intentar unirnos para discutir esto". Así que hay una presión tremenda sobre toda clase de cristianos para sincretizar la religión, y finalmente tendrá éxito. Habrá una religión mundial liderada por un falso profeta, y todos seremos presionados para unirnos a ella.

¿Cómo nos preparamos para esto? ¿Cuál es nuestra defensa contra esa presión? Creo que está creciendo a diario en mi país. Tengo la sensación de que crecerá, y otros también sufrirán a la misma presión. Hay una respuesta muy sencilla a todo esto, y es estar seguros de la singularidad de Cristo. Es la única cosa que podemos usar para prepararnos para enfrentar las presiones que vendrán sobre nosotros. Me refiero al carácter único de Cristo que lo hace muy diferente. Con la palabra "singularidad" queremos decir que es algo único, que no hay nadie más como él. No puede ser comparado con ninguna otra religión; solo puede ser contrastado con ellas.

Así que quiero recorrer la vida de Jesús y decir lo que tiene de singular nuestro Señor Jesucristo, que lo hace diferente de todo otro líder religioso, de todo otro fundador de una religión en todo el mundo, y que nos impedirá siempre aceptar la idea de que podemos reunir a las religiones y hacerlas una.

Muchos han intentado hacerlo. Hay una creencia llamada la Fe Bahái, cuya sede central está en Israel mismo. Esa creencia buscaba unir a todas las religiones del mundo, aquellas que comparten los mismos valores. Un estadista estadounidense llamado John Foster Dulles creó el Congreso Mundial de Confesiones (World Congress of Faiths), que aún se reúne, con el mismo objetivo. Pero pasemos de todo esto a las historias del Evangelio para volver a aprender lo que tiene de singular nuestro Señor Jesucristo, que significa que nunca podremos mezclar nuestra fe con ninguna otra.

Comenzaremos por su nacimiento. En realidad, el nacimiento de Jesús fue bastante normal. Luego de unas horas de trabajo de parto, María produjo un bebé varón, nada fuera de lo común. Lo único diferente fue que el himen de María fue roto por un varón desde adentro. Por lo general, esto es producido por un hombre durante la primera relación sexual. Pero su bebé varón rompió la abertura de su vientre desde adentro. Aparte de eso, el nacimiento de Jesús fue como el de cualquier otra persona. Tenemos que retroceder nueve meses antes del nacimiento para averiguar lo que tuvo de singular su nacimiento. Encontramos entonces que nació sin ninguna relación sexual entre un hombre y una mujer; fue un nacimiento virgen. A propósito, hasta los musulmanes creen firmemente esto de Jesús, que nació de una virgen que nunca había tenido relaciones con un hombre.

Pero no es algo desconocido. Ha habido otros casos. Un profesor de ginecología de la Universidad de Londres me dijo que hubo por lo menos media docena de nacimientos supuestamente virginales en la historia. Es algo que ocurre bajo un proceso que los científicos llaman partenogénesis, cuando un óvulo se divide espontáneamente y se sigue dividiendo hasta formar un feto, y finalmente un individuo nuevo.

La partenogénesis es bastante frecuente en el reino vegetal. Hay algunos casos también en el mundo animal. Creo que me dijeron que el dragón de Komodo puede hacer esto. Pero hay afirmaciones de que ha ocurrido en seres humanos. El profesor me dijo: "La razón por la que me veo inclinado a creer esas afirmaciones es que en cada uno de los casos nació una niñita". Es la única posibilidad, porque cada óvulo en el cuerpo de una mujer es femenino, y un ser femenino es incapaz de producir un hijo masculino.

Eso hace que el nacimiento de Jesús, o su concepción, sea singular. Al parecer, la única forma que podría haber ocurrido es que Dios creara esperma masculino con su propio ADN, y con eso fertilizó el óvulo de María. Toda otra forma que ha sido sugerida significaría que María no fue la madre de Jesús, sino solo una incubadora, una madre sustituta. Pero Jesús fue realmente el hijo de María. También significó que Dios sería su Padre, y eso seguramente fue singular. Nadie más ha dicho esto jamás, salvo él.

Pero ésa no es la única cosa sorprendente acerca de la concepción y el nacimiento de Jesús. Lo más asombroso es que fue el único ser humano que haya vivido jamás en la tierra que escogió nacer. Yo no escogí nacer. Usted no escogió nacer. Yo no elegí a mis padres, ni tampoco usted. Pero Jesús sí. Lo sorprendente es que eligió padres muy humildes, en un hogar bastante pobre. Una y otra vez, nunca dijo: "Nací". Siempre dijo: "Vine para hacer esto". "Vine para buscar y salvar a los perdidos". Él decidió venir. Eso es singular. Ningún otro líder o fundador religioso afirmó jamás que escogió nacer. Simplemente nacieron por accidente, por así decirlo, como todos nosotros. Pero Jesús dijo: "Vine". Ésa es la primera gran cosa singular acerca de Cristo que lo pone aparte, como alguien único en su clase, alguien que no puede ser puesto en ninguna categoría.

Lo sorprendente es que, siendo la persona más famosa que haya vivido jamás, sepamos tan poco acerca de él. No hay nada sobre él en sus primeros doce años de vida. No sabemos nada, excepto que hubo un intento de asesinarlo muy temprano, que hizo que muchos de sus primos, que estaban en Belén en ese tiempo, fueran muertos. Pero su niñez está mayormente oculta de nosotros, hasta que la cortina se descorre a los doce años de edad. Cuando vemos lo que está haciendo en ese momento, es bastante sorprendente.

Todo niño judío tiene un Bar Mitzvá. Es una ceremonia en la que pasa de ser un niño a ser un hombre. Ojalá tuviésemos una ceremonia así hoy. Creo que es una muy buena idea, porque reconoce la responsabilidad. Un niño judío va a la sinagoga y lee parte de la ley de Moisés, con lo cual está diciendo: "Ahora soy responsable por mí mismo de guardar esta ley". Hasta los doce años de edad, los padres judíos son responsables del comportamiento de sus hijos. Pero, a los doce años, el niño se convierte en un adulto. Desde ese momento deja de lado todos sus juguetes, deja de lado las cosas de niño, y se une a su padre en su oficio o profesión. Al parecer, llevaron a Jesús, no a la sinagoga para su Bar Mitzvá sino al templo de Jerusalén. Su madre y padre viajaron con él a la ciudad capital de Israel.

Ahora quiero decirle cómo viajaban. No había autobuses, ni trenes; caminaban. Y lo hacían de la siguiente forma: las mujeres partían primero con los niños de menos de doce años, y caminaban unos veinticinco kilómetros diarios. Cuando llegaban al lugar donde pasarían la noche, armaban las carpas, cocinaban la cena y, cuando tenían todo listo, llegaban los hombres. ¿Le gusta la idea? A las feministas no parece entusiasmarlas demasiado, pero era así como caminaban en ese entonces.

Llevaron a Jesús al templo, le dieron su Bar Mitzvá, con la ceremonia debida, y luego partieron hacia su hogar. José y María bajaron caminando veinticinco kilómetros hacia el valle del Jordán, y luego se encontraron para la cena. María preguntó: "¿Dónde está Jesús?". José dijo: "Bueno, no es mi hijo, pensé que estaría contigo". Entonces se dieron cuenta de que cada uno pensaba que habría viajado con el otro al salir de Jerusalén. Eso explica por qué lo perdieron.

Volvieron a Jerusalén, lo buscaron por tres días, y finalmente lo encontraron otra vez en el templo, teniendo una discusión asombrosa con los sacerdotes. María, como típica madre, dijo: "¡Tu padre y yo hemos estado buscándote por todas partes! ¿Por qué nos has hecho esto? ¿Dónde has estado?". Ahora, note lo que dijo: "Tu padre y yo". ¿Qué contestó Jesús? "Pero tengo doce años. Me he unido a mi padre en su negocio. ¿No lo esperaban?". Tiene que haber sido un impacto para los padres. Nunca le habían dicho cómo había nacido o cómo había sido concebido. María había guardado estas cosas en su corazón durante doce años y, sin embargo, Jesús sabe perfectamente quién es su Padre. "Tu padre y yo te hemos estado buscando por todas partes". "¿Mi Padre? Me he unido a él en su negocio. Tendrían que haber venido primero al templo. Es ahí donde me hubieran encontrado".

Aquí tenemos un pequeño vistazo de un muchacho singular que ya tenía una relación singular con Dios; lo llamaba "Padre". Su palabra favorita para Dios el Padre era "Papi", porque a todo bebé judío se le enseña su primera palabra, "Abba", que significa "Papi". Uno puede ver a un padre judío asomándose encima del cochecito mirando con orgullo a su hijo, con su enorme cara de monstruo ante el bebé, diciéndole: "Abba, Abba, Abba". Finalmente, el bebé, para librarse de esta cara monstruosa, dice: "Abba". El padre dice: "¡Lo dijo! ¡Me ha reconocido!".

Recuerdo haber ido a caminar con un padre en un sitio arqueológico en Israel. El niñito estaba rezagado atrás, cada vez más cansado. Vino corriendo tras nosotros con sus bracitos extendidos pidiendo ser levantado. Escuché por primera vez a alguien decir: "Abba, Abba". Es una palabra profunda. Jesús dijo a sus seguidores que es así como uno debe llamar a Dios.

Ningún judío se atrevería jamás a usar tal intimidad con el Dios Todopoderoso, cuando Dios había dicho: "No tomen mi nombre en vano".

Ése fue su nacimiento, que fue singular, y su niñez, que fue singular. Luego el telón vuelve a caer durante otros dieciocho años, y no sabemos nada más. Es extraordinario que sepamos tan poco de Jesús. Suponemos —porque fue llamado carpintero más adelante— que volvió a Nazaret. Asombrosamente, dice: "Estuvo sujeto a sus padres". Luego se hizo cargo del negocio de la carpintería e hizo sillas, mesas, marcos de ventanas y puertas. Si Dios lo hubiera puesto a usted a cargo de planificar la vida de su Hijo para que fuera el Salvador del mundo, le garantizo que hubiera organizado reuniones, cruzadas y no sé qué otras cosas. No lo hubiera puesto en un taller de carpintería durante dieciocho años, pero eso fue lo que hizo Dios el Padre.

Jesús fue durante dieciocho años un obrero de la madera y durante tres años un obrador de milagros. Si mis matemáticas no me fallan, es una proporción de seis a uno. ¿Qué le recuerda? Él dijo: "Mi Padre trabaja hasta ahora, y ahora yo trabajo". Cuando vamos a Génesis 1, a la obra de Dios en la creación, aparece de nuevo: seis a uno. Es interesante que Dios el Padre pone a su Hijo a hacer un trabajo común con sus manos durante seis años por cada año de milagros y mensajes. Eso es todo lo que sabemos de esta persona, la más famosa que haya vivido jamás, hasta los treinta años de edad. Surge una pregunta importante. Luego de solo tres años de ministerio público es asesinado judicialmente como uno de los peores criminales que haya vivido jamás. Toda persona debe intentar contestar la pregunta: ¿Por qué ocurrió esa tragedia? Miremos las características inusuales de esos tres años de ministerio para ver si podemos encontrar la respuesta.

Hay tres aspectos de lo que Jesús hizo en público. El primero, sus milagros; el segundo, su moralidad; y el tercero, su mensaje. De alguna forma, por una de esas tres cosas fue considerado el hombre más peligroso vivo, que debía ser muerto antes que hiciera daño a todo el pueblo.

¿Fueron sus milagros? Ciertamente hizo milagros. ¿Sabe que en los registros de Jesús fuera de la Biblia tenemos historiadores que escribieron sobre él? Historiadores romanos, historiadores judíos, que no eran parte de la Biblia, pero todos concuerdan en algo, que Jesús fue un obrador de milagros. Sin duda, es el hecho más comprobado acerca de él.

Sus milagros se dividen en dos grupos: los que hizo a personas y los que hizo a cosas. Ambos son asombrosos. La diferencia es que algunos de los milagros que hizo a personas eran hechas por otros al mismo tiempo. Jesús lo menciona. Una vez dijo a esas otras personas: "¿Por qué me acusan de hacer esto por el poder del diablo? ¿Por qué poder lo hacen ustedes?". Así que, claramente, había otros milagros en ese tiempo —sanidad de enfermedades y expulsión de demonios—, y él hizo ambos.

Pero el milagro supremo que hizo con las personas, que nadie más hacía en su tiempo, fue resucitar muertos. Detuvo el funeral del hijo de una viuda pobre. Ella solo tenía ese hijo para cuidarla. Sacó al hombre del féretro y lo devolvió a la viuda. Fue todo un milagro. Pero hubo un milagro singular que hizo con un hombre, un hombre que ya estaba en la tumba, y había estado allí cuatro días. Su propia hermana dijo: "No podemos abrir la tumba porque tiene mal olor; ya estará podrido a esta altura". Sin embargo, llamó a Lázaro de esa tumba, restauró el cuerpo que se estaba pudriendo a una salud perfecta, y luego dijo: "Sáquenle la ropa mortuoria. Déjenlo ir". Eso aceleró la propia muerte de Jesús, pero no directamente. Hizo que los líderes de la nación (especialmente los líderes religiosos) tuvieran envidia. Fue uno de los motivos que llevó a su muerte, pero no el principal.

Aquí tenemos un hombre que usó un poder milagroso

para hacer cosas asombrosas por personas y con cosas, un hombre que podía pararse en un barco y decir al viento y a las olas que se callaran. No dijo: "Calla, enmudece", que es la versión elegante que tenemos en la Biblia. En realidad, dijo: "¡Silencio!". Es la forma en que uno habla a un cachorrito que está saltando sobre alguien, arruinándole la ropa. "¡Abajo!". Fue así que habló al viento y a las olas, y le obedecieron. De inmediato, los hombres que estaban con él en el barco dijeron: "¿Qué clase de hombre es éste, que aun el viento y las olas hacen lo que les dice?".

También transformó agua en vino. Un pastor estadounidense trató de decirme que no lo hizo, que lo transformó en jugo de tomate, pero estoy seguro de que no fue así. Lo transformó en el mejor vino en una boda. La gente dijo: "¿Por qué dejaste el mejor vino hasta el final?". Porque el procedimiento normal era darles el mejor vino al principio y luego, cuando estaban medio borrachos, darles el vino malo. Pero él les dio el mejor vino al final, y lo había hecho a partir del agua. Ése es un verdadero milagro con cosas que nadie más hizo en ese tiempo.

También tomó dos pescados y unos panes, y dijo a los discípulos: "Hay cinco mil personas que han estado escuchándome todo el día, y no tienen comida. ¿Por qué no las alimentan?". Los discípulos dijeron: "No tenemos nada, y no hay ninguna tienda cerca". Entonces encontraron a un niño que tenía dos pescados y cinco pedazos de pan para su almuerzo campestre, y se lo confiscaron. Dijeron a Jesús: "Aquí encontramos algo de comida". ¿Para cinco mil personas? ¡Ridículo! Pero Jesús tomó esos dos pescados y los cinco pedazos de pan, y simplemente siguió rompiendo los pedacitos y dándoselos a sus discípulos. "Lleven esto a la gente. Díganles que se sienten en grupos de cincuenta. Ahora llévenselo". Lo estaba creando mientras lo distribuía. Ése es un gran milagro.

Luego, en una ocasión, llegó a una higuera. Esperaba

encontrar algunos higos, porque tenía hambre y no tenía nada para comer. No encontró ningún higo y maldijo a la higuera. Interprételo como quiera, pero lo hizo. Al día siguiente, cuando llegaron a Jerusalén por el mismo camino, dijeron: "Mira, el árbol que maldijiste. Está muerto. Todas las hojas han caído. Puedes ver que el árbol es solo un esqueleto". Todas estas cosas las hizo con una mera palabra. Esos milagros eran auténticos milagros.

Pero ninguno de esos milagros hizo daño a nadie. Todos hicieron cosas buenas para la gente. Por eso, años después, Simón Pedro dijo, cuando predicó acerca de Jesús: "Anduvo haciendo el bien". ¿Por qué, entonces, sería muerto, en tres años, solo por haber hecho el bien? Obviamente, sus milagros no fueron el problema.

Pasemos, entonces, a la segunda parte de su ministerio público: *su moralidad*. Ahora bien, ¿usted se animaría a decir a su mejor amigo: "Encuentra algo malo en mí"? Sin duda no diría a las personas con las que trabaja: "Soy humilde". Pero Jesús hizo ambas cosas y salió impune. Dijo: "¿Quién de ustedes me acusa de pecado?", y estaba hablando a sus peores enemigos. Aun uno de sus amigos más cercanos, Simón Pedro, una vez le dijo: "¡Apártate de mí, aléjate de mí! ¡Soy un hombre pecador! No soy para personas como tú. No debería ser amigo tuyo".

Ése fue el testimonio de su primo, Juan el Bautista, cuando se le acercó para ser bautizado. El bautismo es para ser limpiado, es para lavar los pecados. Juan dijo: "Yo no tendría que estar bautizándote a ti; tú deberías bautizarme a mí", lo cual significa que el primer bautista no estaba bautizado. Por cierto, ¿sabía que el Nuevo Testamento llama "bautista" a Jesús? Fue un bautista. La misma palabra que se aplica a Juan, "el bautista", se aplica a Jesús en la misma página. Tenemos, entonces, dos bautistas, pero no los de la denominación. Juan dijo: "Tú estás limpio. No tienes nada que lavar. ¿Por qué vienes para bautizarte?". Jesús dijo: "Está bien hacer lo que está bien". Todo cristiano que no esté bautizado y dice: "No lo necesito", tiene que recordar que Jesús fue la única persona que no necesitaba ser bautizado, pero se bautizó. Sigamos su ejemplo.

Juan el Bautista dijo: "Estás limpio". Pedro dijo: "Apártate de mí, porque soy un hombre pecador". Los enemigos de Jesús, cuando los desafió a encontrar alguna falla en su carácter, permanecieron en silencio. Se ha escrito, reflexionado, analizado la vida de Jesús más que cualquier otra vida. Y nadie ha encontrado ninguna sordidez, ninguna corruptibilidad en él. Nadie, en dos mil años, y han excavado alrededor de su vida con todo detalle.

No solo eso, sino que enseñó las normas morales más elevadas para otras personas también. Todo el que ha leído el Sermón del Monte lo reconoce. Como Mahatma Gandhi, o el escritor ruso Dostoievski, muchos han dicho que el Sermón del Monte es la norma más elevada que ningún maestro se atrevió a fijar. La única crítica que las personas han hecho de la enseñanza moral de Jesús es que es una norma demasiado elevada, que es imposible de guardar. Pero Jesús no fue como muchos maestros que reducen las normas para que sea más fácil que la gente las alcance. Jesús vino para levantar a las personas a una norma elevada. Ése fue su enfoque hacia la moralidad.

¿Por qué habrían de matar a un hombre así, alguien que era él mismo tan moral, y que enseñó a otros a ser tan morales, con la muerte más espantosa que ha existido jamás? Sigue siendo la gran pregunta. Así que debemos pasar de sus milagros y su moralidad a *su mensaje*. Debe haber algo en lo que dijo que hizo que fuera crucificado. Ésa es la verdad. Ésa es la respuesta.

Cuando miramos su mensaje, lo asombroso es que nadie, absolutamente nadie, habló tanto acerca de sí mismo. En cualquier otra persona, sería pura egolatría. Alguien que siempre está hablando de sí mismo suele ser aburrido. ¿Tiene un amigo que siempre hace eso? ¿No desearía que hablara de usted? Conozco un par de personas que comienzan cada dos frases diciendo: "Yo…". Son personas muy aburridas, que solo están interesadas en ellas mismas. Jesús dijo más acerca de sí mismo que nadie más, pero nunca aburría a la gente.

¿Qué dijo? ¿Sabe que a principios de su carrera enviaron soldados para arrestarlo y no se atrevieron a hacerlo? Volvieron y dijeron simplemente: "Ningún hombre habló como éste jamás. No nos atrevemos a arrestarlo. Es diferente. Habla como ningún otro". La respuesta sencilla es que, en diez formas diferentes, al hablar de sí mismo, estaba diciendo en realidad que era Dios. Por eso lo crucificaron. Veamos los diez indicios que dejó en su enseñanza que apuntaban claramente a esta afirmación extraordinaria. Sabían que eran un ser humano, pero estaba diciendo que, en realidad, era divino, era Dios, era un Dios-Hombre. Es una afirmación extraordinaria.

Primero, como ya mencioné, dijo: *"Escogí nacer, vine…"* Hasta agregó: *"Vine del cielo"*. Ésa es una clara afirmación de que era divino.

La segunda forma fue *su afirmación de que podía perdonar pecados*. Ahora bien, los únicos pecados que yo puedo perdonar son los que alguien ha cometido contra mí. Espero poder perdonar eso. Pero Jesús dijo: "Perdono todos tus pecados. Todos tus pecados contra Dios, puedo perdonarlos". No hay ningún humano que pueda hacer eso. Solo podemos perdonar los pecados que han sido cometidos contra nosotros. Para perdonar a una persona por todos sus pecados contra Dios, uno tiene que ser Dios. Y, sin embargo, él lo hizo.

La tercera forma fue su afirmación de que *tenía una relación única con Dios*, el único judío que se atrevió jamás a llamarlo "Abba", una relación muy íntima. Siempre se refirió a Dios como "mi Padre" y "el Padre de ustedes", haciendo una clara diferencia entre la relación de él y la de ellos.

La cuarta cosa fue *usar el nombre de Dios acerca de sí mismo*. Conocemos el nombre de Dios: Yo Soy. Una vez pedí al Señor: "¿Podrías darme una palabra sencilla en inglés que se corresponda con tu nombre? Me gustaría usarlo". Como un rayo, apareció en mi mente la palabra "Siempre". ¡Qué hermoso nombre para Dios! Es lo que significa "Yo Soy". Es el tiempo presente del verbo "ser". No es el verbo directo "ser", sino que dice: "Siempre soy. Estuve en el principio. Estaré en el fin. Siempre estoy. Yo Soy". Algunas personas solo usan la palabra "ser", pero me gusta la palabra "Siempre". Y me gusta el nombre para Jesús, que es "Sí". Él es el "Sí" a toda promesa de Dios.

Imagínese tener un Dios llamado "Siempre" cuyo Hijo se llama "Sí". ¡Qué religión positiva la nuestra! Él no usó solo la frase "Yo Soy", sino que repitió la palabra "Yo", y siempre decía: "Yo, Yo Soy". En griego, la frase es *ego eimi*. *Eimi* significa "Yo Soy", y *ego* significa "Yo". Jesús comenzaba muchos de sus afirmaciones diciendo: "Yo, Yo Soy... el Pan del Cielo, el Buen Pastor, el Camino, la Verdad, la Vida". Siete veces se refirió a sí mismo comenzando con el nombre de Dios. Se da el caso de que todos están en el Evangelio de Juan.

En una ocasión, dijo a los judíos que Abraham estaba contento de ver el día de él. Dijeron: "No tienes cincuenta años. ¿Cómo conoces a Abraham, que ha estado muerto estos dos mil años?". Dijo: "Antes que Abraham, Yo Soy". Los judíos tomaron piedras para apedrearlo inmediatamente, porque era una blasfemia. La ley de Moisés es exactamente igual que la ley musulmana en este aspecto: la blasfemia merece la muerte. Es uno de los peores crímenes que puede cometer alguien. Estamos empezando a entender por qué murió. Ése fue el número cuatro: usó el mismo nombre que Dios para sí mismo.

En quinto lugar, dijo: *"Yo soy el único camino a Dios. Si quieren conocer a Dios el Padre, tendrán que venir a través de mí"*. En una palabra, estaba condenando a todas las demás religiones del mundo. Está diciendo: "Nunca llegarán a Dios el Padre a menos que yo los ayude. Vengan a través de mí". Es una afirmación extraordinaria.

Sexto, *dijo ser el camino, la verdad y la vida*. No *un* camino entre otros o *una* verdad o *una* vida posible. Siguió diciendo el camino, la verdad, la vida. Nadie aparte de Dios debería decir eso.

Séptimo, *dijo que liberaría a las personas de sí mismas muriendo por ellas*. Por lo tanto, dijo: "Vine para morir". Moriría a una edad muy temprana. Lo único que le impedía morir era que los discípulos debían saber quién era antes de morir, para que vieran su muerte a la luz correcta. Los llevó hasta el pie del monte Hermón. Espero que pueda ir allí algún día. Es un paisaje natural extraordinario. El río Jordán sale del pie del monte Hermón; todo un río, directamente de ese lugar. La nieve en la parte de arriba del monte se derrite y baja dentro de una falla en la roca, y luego brota del pie de la roca. Podríamos imaginar que era un lugar especial, y un lugar especialmente supersticioso. Y era así.

Si usted va allí hoy, verá pequeños nichos esculpidos en la pared del acantilado, que tenían toda clase de dioses para adorar. Uno de ellos era el dios "Pan", y el lugar aún se llama Panias. Se creía que el dios Pan era un dios griego que vino en forma de hombre. En otro nicho había una estatua de César. Por eso, en el tiempo de Jesús, la aldea era llamada Cesarea de Filipos, por el césar romano y el gobernador judío local. Aquí había un hombre, César, que era adorado como un dios.

Fue a este lugar que Jesús llevó a sus discípulos y les dijo: "Ahora, ¿quién creen ustedes que soy yo?". ¿Era él el Dios que apareció como un hombre, o un hombre que es Dios? "¿Quién soy yo?". Al principio dijeron: "Bueno, eres una reencarnación de algún gran hombre". Eso era lo que decían otras personas. Por primera vez, Simón Pedro dijo: "Creo que eres el Cristo, el Hijo del Dios viviente". Fue el primer hombre en decirlo jamás.

¿Sabe quién fue la primera mujer en decirlo, poco tiempo después? El nombre es "Marta", que trabajaba tanto en la cocina mientras su hermana estaba sentada a los pies de Jesús. Fue Marta quien vio la verdad de quién era Jesús, aun antes que María. Ésa era la verdad. Jesús dijo inmediatamente: "Ahora puedo morir. Ustedes saben quién soy, así que entenderán ahora por qué voy a morir". Indicó claramente que había decidido cuándo morir, cómo morir y dónde morir. Dijo: "Vamos derecho a Jerusalén ahora, y voy a morir allí en una cruz".

No sé si notó que hubo cinco ocasiones anteriores en las que las personas intentaron matarlo. La primera vez fue en su propio pueblo, Nazaret, cuando predicó su primer sermón en la sinagoga, e intentaron arrojarlo por un acantilado inmediatamente. Tiene que haber sido un buen sermón. Nunca he tenido esa experiencia. ¡Me sorprende que una congregación no me haya arrojado por un acantilado cuando veo algunos de los sermones que han tenido que soportar!

Predicó un breve sermón del profeta Isaías, y todo lo que dijo fue: "Hoy están viendo que ocurre esto". Ahora bien, ¿por qué dijo eso? ¿Alguna vez lo desconcertó? ¿Qué había en el sermón que los perturbó tan profundamente? La respuesta es la siguiente. Nazaret estaba en la parte norte de Israel, que se llama Galilea. Era una zona bastante rebelde, donde ocurrían todas las revueltas y, sobre todo, donde surgían todos los falsos mesías que prometían deshacerse de los romanos. Cuando estos falsos mesías eran muertos, una de las cosas que hacían los romanos era destruir la aldea de donde venían en Galilea, para impedir que vinieran otros de ahí.

Fue lo que ocurrió en Checoslovaquia, cuando Reinhard Heydrich, el oficial alemán a cargo de la ocupación, fue asesinado. Los alemanes tomaron una aldea de

Checoslovaquia en las afueras de Praga y la borraron del mapa. Hoy es un santuario para recordar ese acontecimiento. Los romanos hacían lo mismo. Era la forma de mantener a raya a los mesías, matándolos y eliminando la aldea de donde venían. Aquí está Jesús, diciendo que es el Mesías, y todo Nazaret está atemorizada porque los romanos la borrarían del mapa. Así que dijeron: "Mejor matarlo a él antes que nos eliminen a nosotros". Es comprensible. Esa fue la primera vez que intentaron matar a un hombre para salvar la suerte de otros. Más tarde, Caifás dijo: "Es mejor que un hombre muera y no que todo el pueblo perezca". Era el mismo temor de los romanos. Entremedio, hubo tres ocasiones más en las que intentaron matar a Jesús. Como no era su tiempo, caminó en silencio y con serenidad a través de la multitud y se fue. Pero, una vez que los discípulos supieron quién era él, dijo: "Vamos a Jerusalén, y voy a morir".

En octavo lugar, *prometió volver antes que su cuerpo se pudriera*. Ésa era una promesa que Dios había hecho bien atrás, en el Salmo 16: si alguna vez una persona santa caminara por la tierra, Dios no dejaría que se pudriera en la tumba. Una promesa muy interesante, que es citada en el Nuevo Testamento. Era una afirmación extraordinaria. Iban a matarlo porque era demasiado malo para vivir. Murió apelando a un tribunal superior. Murió diciendo: "Dios me reivindicará. Dios revertirá el veredicto de ustedes. Ustedes me sacarán del mundo, pero Dios volverá a ponerme en él". Cuando lo pensamos, fue exactamente lo que Dios hizo. "Volveré de los muertos antes que empiece la putrefacción" significaba que sería antes del cuarto día.

Noveno, *"Seré el juez de toda la raza humana. El futuro de cada ser humano está en mis manos. Separaré toda la raza humana como un pastor separa las ovejas de las cabras"*, lo cual significa muy simplemente que Jesús juzgará a Confucio, Buda, Mahoma y que todo otro líder religioso se parará ante

Jesús, y él decidirá su futuro. Eso es algo bastante serio. Poncio Pilato será juzgado un día por Jesús. Al igual que Adolfo Hitler. Al igual que usted y yo, porque él dijo: "Yo soy el Juez". Todos los judíos creían que Dios los juzgaría, pero aquí tenemos a Jesús diciendo: "No, yo lo haré".

Finalmente, el número diez. Él dijo: *"Un día volveré al planeta Tierra por segunda vez, para reinar sobre todo el mundo"*.

Cuando unimos estas diez cosas, cualquiera de ellas sería suficiente, pero hay una especie de evidencia acumulativa en esas diez cosas que deja plenamente claro que Jesús estaba diciendo que era Dios.

Ahora bien, usted tiene solo tres opciones. Jesús estaba loco, era malo o era Dios. Era un lunático, un mentiroso o el Señor. Tiene que decidirse. Todos los seres humanos tienen que decidirse. O Jesús se estaba engañando a sí mismo y estaba loco, esquizofrénico o lo que fuera, o era un hombre malo que engañó a muchas personas diciendo mentiras acerca de sí mismo, o decía la verdad. No hay otra forma de entenderlo. Debe ser una de estas tres posibilidades.

Tuve un gran debate en Londres, en un lugar llamado The Inns of Court, donde los principales abogados de Londres tienen sus oficinas. Debatimos el tema: "Jesús, ¿estaba loco, era malo o era Dios?". Había un profesor de psicología de la Universidad de Londres, que tenía la convicción de que Jesús era un esquizofrénico, que estaba loco. Teníamos al presidente de la Asociación Humanista Británica, que decía que fue un hombre muy malo que engañó a la gente con mentiras. Y su servidor tuvo que decir que era el Señor. Doy la gloria a Dios porque ganamos el debate por ochenta y cinco por ciento. Fue porque tenía un as en la manga, que era la resurrección. Llegaré a eso en breve.

Así que, en realidad, Jesús fue crucificado pura y exclusivamente porque se llamó a sí mismo Dios, y por ninguna otra razón. La primera acusación hecha contra Jesús por el tribunal judío era que estaba blasfemando. De hecho, no pudieron conseguir testigos que se pusieran de acuerdo en lo que él había dicho, y parecía que no podían hacer nada con él. Finalmente, el juez hizo algo ilegal: le ordenó condenarse a sí mismo con su propia boca. Le dijo: "¿Eres lo que dicen que eres?". Él dijo simplemente: "Yo, Yo Soy". El hombre a cargo del tribunal se rasgó las vestiduras y dijo: "Todos lo han oído. Tenemos setenta testigos que escucharon que se llamó a sí mismo Dios. ¿Cuál es su veredicto?". Sesenta y ocho de ellos dijeron: "Votamos por su muerte". Ése es el único castigo que corresponde para un hombre que usa esas palabras. Pero no podían matarlo, porque estaban bajo la autoridad romana. Los romanos les habían prohibido ejercer la pena capital, así que tuvieron que cambiar la acusación. Para cuando llegaron al gobernador romano, Poncio Pilato, la cambiaron de blasfemia a traición: había dicho que era el Rey de los judíos. Eso era traición en la ley romana. No había ninguna ley romana contra la blasfemia; era una ley judía. Pero la ley romana estaba en contra de la traición. Fue así como lograron matarlo.

Ahora bien, hay ciertos rasgos extraordinarios en su muerte. Lo clavaron a un bloque de madera completamente desnudo, sin ningún taparrabos (eso está en las representaciones cristianas solo por una cuestión de decencia). En total humillación, completamente desnudo, es clavado a una cruz, dejándolo morir. Pero no murió por la crucifixión. Eso es lo extraordinario. ¿De qué murió? No por la crucifixión, porque simplemente clavar a un hombre a una cruz y dejarlo ahí requiere un mínimo de dos días para matarlo, y podría llegar a siete días. Ése era el rango de tiempo necesario. El promedio era entre tres y cuatro días, mientras se iba debilitando de a poco.

Lo que mataba a un hombre en la cruz era que se ahogaba. Cuando sus piernas de debilitaban y estaba colgado de sus manos, la presión sobre los pulmones era insoportable. Así que se empujaba hacia arriba con los pies, aparecía la agonía en sus pies, y volvía a desmoronarse. Este movimiento constante de caer y empujarse hacia arriba finalmente era imposible de seguir, y se ahogaba. Eso es la crucifixión, la muerte más cruel, lenta y prolongada que se ha ideado jamás. Ningún ciudadano romano estaba sujeto a esta muerte. Era solo para otros, y solo para crímenes serios.

Entonces, ¿de qué murió Jesús? Lo sabemos. Cuando quisieron enterrarlo, a las seis de la tarde, el gobernador romano envió soldados para asegurarse de que estuviera realmente muerto. No podían creer que ya hubiera muerto. La única forma de acelerar la muerte era usar una lanza para romper las piernas, y entonces la persona crucificada no podría empujarse hacia arriba para respirar. Llegaron a los dos ladrones y rompieron sus piernas. De inmediato, quedaron colgando y murieron bastante rápido. Pero, cuando llegaron a Jesús, para su completo asombro, ya había muerto. Los soldados tenían que asegurarse, así que perforaron las costillas con una lanza. Y salió sangre y agua. Alguien que estaba ahí lo registró para nosotros. ¿Qué significa? Significa sencillamente que murió de una ruptura del pericardio o, en otras palabras, de un corazón roto.

Si bien estaba en una cruz que lo habría matado en unos días más, ya había muerto de un corazón roto. ¿Por qué? Solo había estado seis horas en la cruz. Durante esas seis horas, en las primeras tres horas solo se preocupó por otras personas, no por él mismo. Se preocupó por los soldados que lo pusieron allí. Dijo: "Padre, perdónalos, no saben lo que hacen". Se preocupó por su madre, y pidió al apóstol Juan que la cuidara. Juan la llevó a su propia casa desde ese momento. Se preocupó por el ladrón que estaba muriendo a su lado, un ladrón con una fe increíble, que miró a este hombre desnudo en la cruz del medio y le dijo: "Señor, recuérdame cuando tengas tu reino". ¡Qué fe! Jesús dijo: "Hoy estarás conmigo en el paraíso". Durante tres horas, mientras el sol brillaba —y el sol del mediodía era caliente y seco—, se preocupó por los demás.

Pero desde el mediodía hasta las tres de la tarde se preocupó por sí mismo. Su primera preocupación fue simplemente la sed física. "Tengo sed". Por crueldad, le dieron a beber vinagre, que provoca más sed. Luego dio un grito terrible: "¡Lama sabactani! Mi Dios, mi Dios, ¿por qué me has dejado?". Es un grito terrible. A lo largo de esas tres horas hubo una oscuridad terrible. El sol se puso. Así como la estrella había brillado en su nacimiento, ahora el sol se puso en su muerte. ¿Se da cuenta lo que está pasando? Estaba pasando por la experiencia del infierno. El infierno es un lugar de sed. Es un lugar solitario, porque Dios no está ahí. Es un lugar oscuro también. Jesús lo llamó las tinieblas de afuera. Jesús pasó por el infierno durante tres horas para que ninguno de nosotros tenga que ir a ese lugar espantoso. Estaba tomando nuestro lugar.

Pero su última, séptima, palabra desde la cruz fue una oración que aprendió, en las rodillas de su madre, cuando era un niñito. A todo niño judío se le enseña esta oración antes de acostarse: "En tus manos encomiendo mi espíritu". La única diferencia de la oración de niño que oraba Jesús fue que puso la palabra "Abba" adelante. "Abba, en tus manos encomiendo mi espíritu". Significa que estaba pidiendo a Dios que mostrara al mundo que se había equivocado al matarlo. Él sabía que era el propósito de su Padre que muriera, pero también sabía que era la voluntad de su Padre revertir el veredicto antes que su cuerpo se hubiera podrido. Así que dijo: "Volveré".

Al tercer día había vuelto y estaba cenando con sus discípulos, cocinándoles un desayuno. Esto era real. No era un fantasma. De hecho, dijo: "Tóquenme y vean que no soy un fantasma". Volvió en un cuerpo. Sin embargo, dejó atrás la ropa mortuoria, que se había colapsado, en la tumba. No había nada en ella, lo cual significa que su viejo cuerpo había simplemente desaparecido, y Dios había creado un cuerpo nuevo para él en la oscuridad de la tumba. Ese cuerpo nuevo tenía cualidades que nunca había tenido el cuerpo viejo. Podía atravesar puertas cerradas con llave. Podía desaparecer y aparecer a voluntad. Durante las dos semanas siguientes apareció y desapareció. ¿Por qué no volvió simplemente y se quedó con sus discípulos? Porque les estaba enseñando, de la única forma que un buen maestro podría hacerlo, que tendrían que aprender a depender de su presencia invisible.

Tomás, uno de los Doce, no estuvo presente en el primer Domingo de Pascua. Le dijeron que Jesús estaba vivo. "Ha estado aquí. ¡Mira los huesos en el plato! ¡Comió pescado con nosotros!". Tomás dijo: "No me van a engañar. De ninguna forma. A menos que pueda poner mi dedo a través de sus manos, y ponga mis manos bajo sus costillas, y sienta donde penetró la lanza, no lograrán que crea". Una semana más tarde estaban en la misma habitación, y una voz conocida dijo: "Tomás, quieres meter tu dedo a través de mi mano. Ven y hazlo. Quieres sentir la cicatriz en mi costado. Puedes hacerlo. Adelante". Tomás nunca lo hizo. Se dio cuenta en un destello de inspiración y dijo: "Mi Señor y mi Dios".

Nadie, absolutamente nadie, ha vuelto de la muerte después de tres días. Hay personas que se han recuperado de la muerte. Tengo un amigo en Estados Unidos que estuvo muerto diez días y Cristo lo levantó de la muerte. Era un buen pastor. Un día apareció un fuerte dolor en la parte inferior de la espalda. Cuando fue al médico, le dijo: "Tienes un crecimiento canceroso en tu espina dorsal. Tratar de quitarlo implica una operación muy peligrosa. Lo intentaré, pero no puedo dar ninguna garantía". Trató con medicamentos para el dolor, y se volvió adicto. Finalmente, una noche tenía un dolor tan desesperante que tomó una pistola que tenía en el cajón de su mesa de luz, fue al baño en la silla de ruedas, apoyó la pistola en la sien y tiró del gatillo. Había balas en cada recámara menos una, y tiró del gatillo en ésa. Lo hizo volver en sí, regresó a la habitación y le dijo a su esposa lo que había hecho. Dijo: "No puedo soportar este dolor".

"Bueno", dijo ella, "deberías operarte. Es mejor correr el riesgo de mejorarte o no antes de volarte los sesos".

Así que fue a operarse. En el hospital leyó un versículo de uno de los primeros Salmos, que decía: "Yo me acuesto, me duermo y vuelvo a despertar, porque el Señor me sostiene". Lo escribió en un trozo de papel y lo puso en su Biblia. Luego fue al quirófano y el anestesista inyectó una anestesia en la espina dorsal. Puso demasiada droga y murió. Sí, fue un error, pero ocurrió. Trataron de resucitarlo. Intentaron bombear el pecho para que volviera a respirar. El cirujano, incluso, se subió sobre el cuerpo y presionó el pecho con las rodillas, pero no hubo caso. Observaron el monitor de los latidos de su corazón, y se volvió plano.

Salieron y dijeron a la esposa, que estaba esperando: "Lo lamentamos, pero lo perdimos". Ella dijo: "¡No, no lo han perdido! Vuelvan a intentarlo". Era una mujer pequeña, pero tenía una fe fuerte y mucha valentía. Les dijo: "Vayan y vuelvan a intentarlo". Así que volvieron e intentaron nuevamente, pero no ocurrió nada. Ella se rehusó a aceptarlo. Entonces lo pusieron en una cama con una bomba mecánica conectada a su pulmón para ayudarlo a respirar, una cosa mecánica conectada a su corazón para que siguiera bombeando, pero su cerebro estaba muerto, y no pudieron obtener ninguna respuesta de su cerebro.

Eso es una muerte clínica. Podrían haber firmado su certificado de muerte, pero gracias a esa pequeña mujer siguieron luchando con las máquinas durante diez días. Luego vino a visitar a su esposo, pero no estaba en la habitación. Dijo: "¿Dónde está mi esposo?". Dijeron: "Necesitamos sus órganos para trasplantarlos, y usted dijo que podríamos tenerlos. Así que apagamos las máquinas y lo hemos llevado a la morgue".

Esta pequeña mujer dijo: "¡Tráiganlo de vuelta! ¡Tráiganlo de vuelta!". Así que lo trajeron de vuelta y volvieron a conectarlo, y entonces abrió los ojos y los miró. Vio el papelito que había escrito, que estaba en el piso, y movió la cabeza como diciendo: "Levántenlo". Lo levantaron y leyeron: "Yo me acuesto, me duermo y vuelvo a despertar, porque el Señor me sostiene". Lo llamaron el "muchacho milagroso" en ese lugar, que es el famoso Stanford Medical Center, en Estados Unidos.

Finalmente, lo dejaron solo en la habitación, y el hombre pensó: "La operación ha sido un éxito. No tengo ningún dolor". Salió de la cama, pero tuvo que desconectar el frasco que estaba alimentándolo por el brazo. Caminó de un lado a otro de la habitación, y dijo: "El dolor se ha ido. La operación ha quitado el crecimiento". Una enfermera entró en la habitación y le dijo: "¡Vuelva a la cama!". Él le dijo: "Pero, ¡estoy bien! ¡Puedo caminar!". Unos días después, salió caminando de ese hospital, sin el frasco que lo alimentaba, porque podía alimentarse por su cuenta. Las enfermeras y los médicos se pararon a lo largo del pasillo y vitorearon al muchacho milagroso mientras se iba.

He visto los registros médicos de esto. El hombre volvió a su viejo cuerpo. Aún está vivo, pero volverá a morir, porque eso no fue una resurrección. La resurrección es una re-creación; la resurrección es un nuevo cuerpo. Jesús nunca volverá a morir. Lázaro volvió a morir, el hijo de la viuda de Naín volvió a morir. Eso fue volver a la vida. Pero Jesús no volvió a la vida, sino continuó hacia la vida. Como he preguntado antes: ¿de dónde piensa que Jesús obtuvo su ropa de la resurrección? ¿Lo ha pensado? El Dios que hizo un cuerpo nuevo para él le dio ropa nueva al mismo tiempo. Y usted tendrá ropa en el cielo porque Dios la hará para su nuevo cuerpo. Mi cuerpo nuevo será igual que el cuerpo glorioso de Jesús. Cuando uno tiene más de ochenta años, ¡no ve la hora de volver a tener treinta y tres años! Yo lo estoy esperando.

La resurrección es el hecho central de la singularidad de Jesús. Nadie antes o desde entonces ha hecho lo que hizo Jesús: no volver a la vida, sino continuar hacia una vida nueva con un cuerpo nuevo. Por eso es llamado el primogénito de toda la creación. Por eso adoramos en domingo, porque es el principio de la nueva creación de Dios.

Recordamos dos cosas singulares acerca de su ascensión, que ocurrió dos meses después. Primero, Jesús dejó este mundo dos meses después de que murió. No conozco a nadie más que haya hecho eso. ¿Usted sí? La mayoría de las personas dejan este mundo el día que mueren. Pero Jesús se quedó unos dos meses, y luego se fue.

Además, se llevó su cuerpo con él. Todos los demás dejan el cuerpo atrás. Mahoma está muerto. Confucio está muerto. Buda está muerto. Y podemos visitar sus tumbas. Pero Jesús está vivo. Por eso hay una tumba vacía, y no hay ningún santuario adonde uno pueda ir para adorar al Salvador muerto. Ésa es la diferencia. Él es único. No hay otro como él. Por eso nunca podemos mezclar nuestra fe con otras religiones.

Dos comentarios finales. El primero es que la fe cristiana es *exclusiva*. Como Cristo, es única. El cristianismo es Cristo y, por lo tanto, es exclusivo. Nunca podemos considerar la idea de mezclar nuestra fe con otras creencias. Tal vez tengamos que pagar un alto precio por esa postura, al unirse las religiones del mundo, pero es exclusivo, y no podemos mezclar la verdad con el error. No hay ningún otro nombre debajo del cielo por el cual una persona puede ser salva, excepto el nombre de Jesús.

Pero, de igual forma, nuestra fe es *inclusiva*. Debe ser para todos. Las dos cosas van juntas. La fe exclusiva debe ser inclusiva. Si es el único camino, entonces todos tienen derecho a escuchar el mensaje y nosotros tenemos el deber de decírselo. Tenemos el deber de compartirlo con ellos. Por eso el cristianismo tiene que ser una religión misionera, una religión evangelizadora. Cuando hemos encontrado tal salvación, es nuestro solemne deber ir y compartirla con los que la necesitan, por ofensivo que sea.

    Una de las presiones que vendrán sobre nosotros es una ley que prohíba el proselitismo, como lo llaman. No faltará mucho antes que se nos prohíba tratar de convertir a alguien de otra creencia a la nuestra. Ya hay países donde esa ley está en operación, pero no tenemos una opción. No podemos evitarlo. Nuestro Jesús nos dice que vayamos a hacer discípulos de todas las naciones, y tenemos el deber de decirles que él está vivo eternamente, que vendrá a juzgar a todos en la tierra, y que volverá a gobernar este mundo hasta que los reinos de este mundo se conviertan en los reinos de nuestro Dios y de su Cristo. Amén.

Está también disponible en formato de DVD de www.davidpawson.com

En español:

Abramos la Biblia: El Antiguo Testamento
Abramos la Biblia: El Nuevo Testamento
El nuevo matrimonio es adulterio *a menos que* ...
El nacimiento cristiano normal
Cuando vuelva Jesús
Lo que la Biblia dice acerca del Espíritu Santo
Una vez salvo, ¿siempre salvo?
Jesús: Las siete maravillas de su historia

ACERCA DE DAVID PAWSON

David es un orador y autor con una fidelidad intransigente a las Sagradas Escrituras, que trae claridad y un mensaje de urgencia a los cristianos para que descubran los tesoros ocultos en la Palabra de Dios.

Nació en Inglaterra en 1930, y comenzó su carrera con un título en Agricultura de la Universidad de Durham. Cuando Dios intervino y los llamó al ministerio, completó una maestría en Teología en la Universidad de Cambridge y sirvió como capellán en la Real Fuerza Aérea durante tres años. Pasó a pastorear varias iglesias, incluyendo Millmead Centre, en Guildford, que se convirtió en modelo para muchos líderes de iglesia del Reino Unido. En 1979 el Señor lo llevó a un ministerio internacional. Su actual ministerio itinerante está dirigido principalmente a líderes de iglesia. David y su esposa Enid viven actualmente en el condado de Hampshire, Inglaterra.

A lo largo de los años ha escrito una gran cantidad de libros, folletos y notas de lectura diarias. Sus extensas y muy accesibles reseñas de los libros de la Biblia han sido publicadas y grabadas en "*Unlocking the Bible*" (*Abramos la Biblia*). Se han distribuido millones de copias de sus enseñanzas en más de 120 países, proveyendo un sólido fundamento bíblico.

Es considerado como "el predicador occidental más influyente de China" a través de la transmisión de su exitosa serie "*Unlocking the Bible*" a cada provincia de China por Good TV. En el Reino Unido, las enseñanzas de David se transmiten habitualmente por Revelation TV.

Incontables creyentes de todo el mundo se han beneficiado también de su generosa decisión en 2011 de poner a disposición sin cargo su extensa biblioteca audiovisual de enseñanza en www.davidpawson.org. Hemos cargado también hace poco todos los videos de David a un canal dedicado en **www.youtube.com**

VEA EN YOUTUBE
www.youtube.com/user/DavidPawsonMinistry

LA SERIE EXPLICANDO
VERDADES BIBLICAS EXPLICADAS SENCILLAMENTE

Si usted ha sido bendecido al leer, ver o escuchar este libro, hay más disponibles en la serie. Por favor regístrese y descargue más libritos visitando **www.explicandoverdadesbiblicas.com**

Otros libritos en la serie *Explicando* incluirán:
La historia asombrosa de Jesús
La unción y la llenura del Espíritu Santo
La resurrección: *El corazón del cristianismo*
El estudio de la Biblia
El bautismo del Nuevo Testamento
Cómo estudiar un libro de la Biblia: Judas
Los pasos fundamentales para llegar a ser un cristiano
Lo que la Biblia dice sobre el dinero
Lo que la Biblia dice sobre el trabajo
Gracia: *¿Favor inmerecido, fuerza irresistible o perdón incondicional?*
¿Eternamente seguros?
Tres textos que suelen tomarse fuera de contexto: *Explicando la verdad y exponiendo el error*
La Trinidad
La verdad sobre la Navidad

Tambien nos encontramos en proceso de preparar y subir estos libritos que puedan ser comprados como copia impresa de:
www.amazon.co.uk o **www.thebookdepository.com**

ABRAMOS LA BIBLIA

Una reseña única del Antiguo y el Nuevo Testamento del internacionalmente aclamado orador y autor evangélico David Pawson. *Abramos la Biblia* abre la palabra de Dios de una forma fresca y poderosa. Pasando por alto los pequeños detalles de los estudios versículo por versículo, expone la historia épica de Dios y su pueblo en Israel. La cultura, el trasfondo histórico y las personas son presentados y aplicados al mundo moderno. Ocho volúmenes han sido reunidos en una guía compacta y fácil de usar que cubren el Antiguo y el Nuevo Testamento en una única edición gigante. El Antiguo Testamento: *Las instrucciones del fabricante* (Los cinco libros de la Ley), *Una tierra y un reino* (Josué, Jueces, Rut, 1-2 Samuel, 1-2 Reyes), *Poesías de adoración y sabiduría* (Salmos, Cantares, Proverbios, Eclesiastés), *Declinación y caída de un imperio* (Isaías, Jeremías y otros profetas), *La lucha por sobrevivir* (1-2 Crónicas y los profetas del exilio) – El Nuevo Testamento: *La bisagra de la historia* (Mateo, Marcos, Lucas, Juan y Hechos), *El decimotercer apóstol* (Pablo y sus cartas), *A la gloria por el sufrimiento* (Apocalipsis, Hebreos, las cartas de Santiago, Pedro y Judas).

JESÚS LAS SIETE MARAVILLAS DE SU HISTORIA

Este libro es el resultado de toda una vida de contar "la más grande historia jamás contada" por todo el mundo. David la volvió a narrar a varios cientos de jóvenes en Kansas City, EE.UU., que escucharon con un entusiasmo desinhibido, "twiteando" por Internet acerca de este "simpático caballero inglés" mientras hablaba.

Tomando la parte central del Credo de los Apóstoles como marco, David explica los hechos fundamentales acerca de Jesús en los que está basada la fe cristiana de una forma fresca y estimulante. Tanto los cristianos viejos como nuevos de beneficiarán de este llamado a "volver a los fundamentos", y encontrarán que se vuelven a enamorar de su Señor.

OTRAS ENSEÑANZAS
POR DAVID PAWSON

Para el listado más actualizado de los libros de David ir a: **www.davidpawsonbooks.com**

Para comprar las enseñanzas de David ir a: **www.davidpawson.com**

www.ingramcontent.com/pod-product-compliance
Lightning Source LLC
Chambersburg PA
CBHW071506080526
44587CB00016B/2715